AURA
colección

Nadie es visible sobre la tierra

Nadie es sobre visible la tierra

Nerea Garrán

eolas
poesía

A mis *güelitas* y *güelitos* que no
viven, pero que están.

También a ti, Alejandra, que habitas fronteras y
espejos.

Un abandono en suspenso.
Nadie es visible sobre la tierra.
Solo la música de la sangre
asegura residencia
en un lugar tan abierto.

Alejandra Pizarnik

1. PRELUDIO

¡Oh, soledad! Mi dulce elección
Espacio consagrado a la noche,
Lejos del tumulto y del ruido,
Cómo te deleitas en mi sentir anhelante

La solitude,
Antoine Girard de Saint-Amant

la casa se enrosca
la herida escribo supura
caigo
en azul
remolino en el estómago
ciego de murmullo expande
movimiento de espigas
escupe lejos
aquí
el vértigo

esa gente muerta mirona

he llenado la casa de gente muerta
[he llenado la casa]
la lleno de cadáveres que visten bien / me reverencian / yo
les leo / yo les escribo / yo les digo que les amo y les envidio
/ yo les dejo que me miren cuando escribo / que me digan
cosas / o que se callen.
que se callen y me observen / yo me desnudo / yo desnuda /
ellos miran / yo cuerpo / ellos se sientan en el suelo / ellos se
quedan de pie / ellos asisten / galantes / yo me abro / yo me
desgarro / sangra la hoja / yo en carne viva / hoja sangrante
/ yo me describo / ellos dicen sí / lenguaje oculto / ellos
entonan / ellos modulan sus voces / ellos recitan versos /
ellos declaman / y yo me elevo

escribir en silencio
escribir el silencio
yo lo rompo
silencio

latido

he contado hasta diez
luego hasta cien
pero no hay niños
todas mis risas se esconden
en cajitas de música sordas

guardo alfileres en mi ropa interior
que no usaré
mientras viva me odia
el deseo de un segundo deshecho con dulzura
sobre el recipiente de agua clara
y algodón

Niña haciendo pompas de jabón

de acuerdo que es estúpido perseguir esa burbuja que rueda
o quizá lo estúpido sea en realidad
esperar que esa burbuja ruede al margen

una célula monástica me brota en el paladar
crujiente de placer
ora

me he descamado a destiempo
[yo en carne viva]
crujo
mis despojos
los entierro
entre las uñas
en esta casa no
aceptamos
coleccionistas

percibo
la hora punta
como todas las noches
derritiéndose
justo ahí

La lección de anatomía

digo que escribo
digo que escribo para poder sanar
lo digo y es mentira
tajo eso que hierve en mi estómago
luego miro

estoy en la vía de servicio de las hormigas rojas
mis pies en punta bailarina
secuestran hierbajos
que invento en las baldosas de la cocina
digo,
esto es un jardín con flores árboles
[se ha vuelto a romper el lavavajillas]
y un estanque con peces dentro
de otros peces

ahí estás tú
desde el otro lado me señalas
te señalo

                       yo
                       te sostengo

                                    y te perforo

el silencio de las cosas
me importa

ese hipotético
tosco
trasnochado
                    silencio

me importa

porque estoy

¿y si la soledad se escapa por una ventana abierta?
detener el tiempo solo es posible en sueños
ella que fluye
ella que libera
tengo miedo
tanto miedo
ya casi no ventilo la casa

imagino una pesadilla de brazos amables
en la que miles de relojes vuelven la vista hacia ese mar

¿Dónde acaba mi cuerpo y empieza la casa?

si solo, tan solo
if only
no estoy rota
solo cansada
solo derribo letras hoy
pero escucha
escúchame:
sangran mis dedos

recoger las migas de la encimera con la lengua
y luego echarle la culpa a los astros
he barrido lágrimas secas
de un jarrón de flores amarillas
perpetua mentira de cuerpo celeste
el abrazo se ha
roto en un remolino de aire
aplausos de uña
sin sonrisa

contacto
al folio
en iris de leche

tumbar al tiempo con lluvias conceptuales
la eternidad en uno solo de mis cabellos
sabe a melancolía
y bilis
no les dejes entrar
ahora no.

llega la cena y son cerebros orgánicos
reciclados de papel y virutas
mastico sorbo zampo
yo evoluciono

escribo: el tiempo me odia
escribo: no quiero escribir cosas de mujeres

recorto una fotografía por el placer de sentir lo tangible
nos trajimos la guitarra a la nueva casa
pero nadie sabía tocarla

escribo: recordar es un acto creativo

la puerta se queja del viento
yo me aparto
mi risa
en una palmera

escribo: arrastrarse también permite una continuidad de las
    cosas
la fricción es fábrica de deseo

lleno una bañera por si acaso
y me acuesto el frío suelo
roba el ala muerta de una mosca

el desprendimiento
                  de una hoja
                              tierna
que una retina
               recoge
analizándola en el estómago
ahí donde se trituran besos de amapola
la feliz idea
del ofidio con cuerpo de alambre
en qué momento
me pregunto
cambié su morfología

2

Happiness is a butterfly

Lana del Rey

una fiesta en un vaso de boj
canta la bóveda
garganta de oro. lírica
se adhieren termitas
piel de víbora
se sirve en sopa
mujer

hay cierto consuelo
en un grano de pimienta
grano bebé
que pica
pero pequeño
el grano
que muy a su pesar
es

Astrea espía versos en Amberes
roba metáforas naranjas
palaciegas de poder
las arranca en gajos con dedos
temblorosos envueltos
en lavanda
y las empuja

estar del lado de las tejedoras para acabar en el prostíbulo
lo valiente lo mancha todo

conflicto de fantasía versicular
tiene ahora en mente la palabra
que me sube
insolente
por el esófago

andar de puntillas por los pináculos de Notre Dame
si esa gárgola supiera
manos enguantadas bajo el sol
se mueren por besarse las puntas de los dedos

se va la luz y me pongo rancia
el caramelo deshecho en la boca de la bestia
golondrina de deseo
me quedan tres instantes de cordura
criogenizo mis nervios y los llamo
flor de piel

Henry Morgan esconde amores violetas en cuevas de
     interior
a su paso por Portobelo
Henry Morgan
bucanero de señales prohibidas
el violinista en pico rojo
sacos de gloria
deshechos de parásitos
las cuevas le escupen en horizontal
los mares no son de nadie

la sábana me ha pegado de madrugada
me ha clavado su orquídea albina
en la tercera costilla izquierda
asfixiándome el bostezo
tornándolo deforme
como un cervatillo
sin cornamenta
abandonado
y sucio
abandonado
sin cornamenta
como un cervatillo
tornándolo deforme
asfixiándome el bostezo
en la tercera costilla izquierda
me ha clavado su orquídea albina
la sábana me ha pegado de madrugada

esquiar a través de paredes para darme cuenta de que nunca
   aprendí
compro Ibuprofeno de gotelé
que intensifique mi sueño apático

Samuel Pepys va a Stonehenge y se hace preguntas
él va y
montón
de piedras
unas
encima
de otras
colocadas
con mimo
ordenadas
las piedras
sabe Dios

mis ojeras sirven para alojar canguros
neuróticos
de orejas replegadas
que saltan páginas
dulcemente
vacías

escribo: *horror vacui*

convoco una fiesta de damas en mi *ruelle* y viene una rata

esta luna henchida
se ha comido la bandeja entera de pastelitos de canela
por si mañana no amanece
por si los gusanos cubren con sus cuerpos
los agujeros de los zócalos
por si truenan sirenas de plástico
sagrado en un cielo
que ya no es

alguien me ha descolocado las fichas del tablero de ajedrez
tomo chocolate
y espero

me ha caído una nevada en primavera
y he estornudado insectos tricolor
desde esta orilla los pájaros escupen notas secas
su cortejo es un *ars moriendi*
de golosina macabra
me he rizado las pestañas
[yo me esmero]
y se me ha enroscado el iris derecho
mis labios sisean:
podría llorar
treinta y tres océanos
de remolinos de miel

pluma de ganso escribe:

la escribo yo,
Madame de La Fayette,
la escribo
describo

des-escribo

a ella toda
mi amiga
mi muy querida,
Enriqueta.

interpreto mi identidad futura
mientras las moscas mueren cruda la carne del mercado

el paisaje que nadie escucha nos recorre sin prisa
solo es un lugar de paso
naturaleza pieles piedra fluida
la zorra muerta.

en Brocéliande al galope

un hada protestante
se mete en la nariz del pasajero
y le tira de los pelos

apuesto todas las monedas de la bolsa a que esta tarde los
ciervos no prestan a nadie su cornamenta

escribo: la cabecita catártica dice a veces no

la ficción de la ciencia resplandece
en Cavendish
se detiene un reloj
con vocación filosófica leo
la plastilina
modelo
la figura de un hombre-mono
con plumas de colores
el horno anuncia
la llegada de una nave

escribo: demasiada luz

de qué manera los cangrejos le sonríen a la suerte al revés
de qué manera, digo
le sonríen
los cangrejos sin fortuna
de pies descarriados
ni los mares de interior saben
conquistar
tanta prudencia

me he vestido de Cronos y se me ha parado el corazón
quiero volver a casa, pero el globo está pinchado

hay serpientes colgadas de la lámpara del techo
[ellas se enroscan]
y las patas de la araña
y sus patas
son rizadas

3. INTERLUDIO

¿Son aquellas tus obras?
Y pensar que tu ingenio admitía un interludio pues, de prostitución.

Las fábulas del deseo y otros poemas, Aphra Behn

charlatanes en el callejón de un pecho abierto
donde el vacío pía
del cielo derretido asoma una paloma
de sonrisa curva

in media res
el diario del sesenta y ocho prende mi rostro
y lo apnea

pido una carroza y llega un lacayo de moscas
pido una carroza y llega
de tres centímetros
un lacayo mosca
pido una carroza
de mosca
y llega lo que no
y luego no pido nada
no pido y no espero
no pido y luego
el lacayo y la carroza y la mosca

atravieso un bosque afilado
y me gusta

aureola dorada sobre la cabeza de un perro muerto
suena el timbre, que esperen
glorificada yo toda fluidos
suena, gimo
suena
la *petite mort*

le escribo cartas a mi hija nonata y las firmo como Sévigné

el faisán me inyecta su sonrisa festiva
de tres menos cuarto
plateado es el guante que me sirve
en la mesa del banquete los duques van primero

desfragmentar un axioma
en minúsculas
motitas
y dejar
que todo ese aire
se deleite
bajo la lente
microscópica
mientras fuera
un perro
con ladrido absoluto
entona
un miserere
al paso ciego del obispo

la navaja del barbero roza el cuello de Luis XIV
silba el aire
explosión de luz

espero el desierto con ansias de espejismo
la noche sobre el sofá
se vuelca
fría de temblores
por culpa de esa lágrima viva
y el dedo corazón
el consuelo arde
tras una
caldera que suena y se
atraganta

estallido de bombas en mitad de un partido de tenis
que no se detiene

un gabinete de tinta y papel
y tres mil muertos grecolatinos
observan al dueño
de esas mariposas replegadas
que no miran

fuerte
todos esos cadáveres aristocráticos me hablan

vísteme ahora en amarillo
la reunión en la corte no reverencia ni un minuto
loca es la perra que salta el muro por un hueso de oro
del diente hambriento nadie habla
arrastrarme como un canario borracho
para acabar servida
sin bandeja

Mercurio ha perdido lo galante
la sangre se apresura hacia la alcantarilla

A vos, Alejandra

la galería de los espejos nos atraviesa
Diana multiplica sus imperios en la luna
el agua de esas fuentes toda petrificada

en imperativo prófugo un ruego: *remember me*

4

Esta carcasa andaba, respiraba y dormía
para que el mundo creer pudiera
que allí dentro había un alma encerrada;
mas todos se engañaron.

A mi admirada Lucasia por nuestra amistad,
Katherine Philips

del vientre de la yegua muerta nacen coronas nupciales
abandonado su cadáver ríe el niño
que busca peines de sirena
entre los despojos de la muralla

digo hola a una bombilla que se enciende y se apaga
creyéndola viva
quizá más viva que yo
digo hola y mi voz se me alborota
                                    salta
hacia dentro
alcanza mi campanilla
y se desliza por el tobogán quemado

guardo islas en el interior de mis zapatillas
para cuando mi voz se quiebre

se hace tarde
pero digo
yo les digo
que hay linternas
que por favor un poco más
porque todo suena mucho
aquí dentro
y no sé cuándo
ni sé siquiera
si algún día
podré volver

una tarta de queso machacada por los cascos de un caballo
gime de barro y excrementos

el silencio se cuela en mi zapato
me recuerda que
no puedo mantenerlo en oración perpetua
difunta perdiz amanerada
he perdido el laberinto contando los lunares
de un meteorito escalfado
mientras la mañana
degustaba sin mimo
una sandía increíblemente blanca

replegarme en postura angelical y olvidar cerrar la cremallera
debo ordenar esos añicos
el sueño,
sin embargo

movimiento pendular en mis costillas cuando la casa respira

la hoguera se queda sin su bruja
convención de escobas en un cielo francés
no merezco esas llamas
si puedo volar

arreglarse a las ocho de la noche
para meterse guapa en la cama
y decirle al tiempo
que yo también
a pesar de toda esa penumbra

mi cuerpo toma la palabra
alas de mosca entre mis vértebras
[el sosiego]
donde duermen las hilanderas
tres destinos quiebran
el agua dulce
de una palangana

ensillar una espera y cabalgarla a horcajadas

el río se desborda en el cielo
una vieja calabaza
me sonríe. entre sus dientes
columpia puerco
mi zapato

en claroscuro me acaricia el tedio / tiembla la araña / insisto
en que todo recuerdo nace de la costilla de una ficción
desmenuzada / dedos manchados
también el encaje

5

Siento en mis vértebras
la expansión de las tinieblas:
un estremecimiento
unánime

Mallarmé

cerezas de la muerte tienen mis labios
que en agua de achicoria
amanecen

como una gallina mojada vuelvo
silencio. aspirar la bergamota caduca
y dejarme
                caer
                        en el tálamo
todo lo que soy se proyecta
justo en esa pared que
aprieta
mi cuello fuerte
de cisne

el consuelo de que un cometa como el Halley
vuelva

cascabel de tuétano cuello
las lombrices golpean la tierra con sus cráneos
desinflados
sobre la lluvia adolescente
el charco
llevo una espina en un pie que
ya no existe

un velo tras el velo
muy dentro se repliega
su seda
las vetas de mármol
en hojas de té
las bebe

suspiros de hiedra enredan columnas que ya corintias
ahora todo suena como ayer
estuve soñando cuervos de picos amables en
una campiña inglesa
tengo todos los dedos manchados
y no sé cómo
pero ya no puedo no
distingo
el acento de ese viento

columpio la duda a contraluz
en un mar replegado
de fino satén
recogerme el dobladillo para subir una ola
que ya es espuma

escribo: la velocidad podría haber sido culebra de ceniza

era mi congoja la que se quedaba sin tapiceros
pasa un invierno en patines sobre mi clavícula
recuerdo geografía
en un abrazo de trescientos años
y pico
sueño en imágenes que sonríen
y me parecen cascabeles
es esa que sisea
y de su astilla cree que sale

rasgo el papel hasta sangrarme las yemas de vocablos que
se doblan
como el ciclón arquea [afectuoso] ese árbol hacia atrás
y lo ovilla

escribo: anemoia no
        bebe de nuestro viento

mirarla
hacerse toda cráter
cornado

convulso

y la ventana
la ventana
mugre en su cristal

viví aquí
siglos deshollinados
en plegaria
todas las mañanas del mundo
contenían la respiración al mismo tiempo
brota el cardo entre un puñado de cabellos revueltos
pero altos
como una tarta de frutas
piramidal y orgullosa
antes de que el filo del cuchillo
le arrebate húmedo
el beso

supongo que podría cocinar un pastel de ganso
si supiera cocinar
supongo que podría
si tuviera un ganso a mano
cocinarlo

trenzas en mis cabellos para olvidar recordando
o para no querer
nunca más
hacerlo

hablan sin hablar
pero hablan
dicen
susurran
y a veces
algunas veces
ellos también
y ellas también
gimen

mis amigos muertos
que nunca lo fueron
sintieron mi marcha

mi casa es ahora una sucesión de galerías abiertas
donde paseo en *habit de robe*
guardo en la cutícula sin arrancar la estancia más pequeña
como isla caliente

AGRADECIMIENTOS

Este libro es visible gracias a:

Laura García de Lucas, María Gómez Lara, Arantxa Rochet, Ianire Doistua, Olga Tenorio.

A José Antonio Llera por su sensibilidad y su buen ojo.

También a Eolas Ediciones y a Héctor Escobar por su confianza y por hacer que estos versos casi se puedan tocar.

Por supuesto, gracias a ellos, a mis padres: su apoyo emocional y económico es lo que lo sigue haciendo todo posible.

También a Andoni y a Raúl por su cariño y su lectura tan atenta.

Por último: a Samuel Pepys, que también soñó con ser poeta y, a ella, Alejandra Pizarnik, porque su poesía me eleva y me perfora.

Además de las referencias a obras pictóricas del siglo XVII, como *La lección de Anatomía del Dr. Nicolaes Tulp* (1632) de Rembrandt o *Niña haciendo pompas de jabón* (1674) de Pierre Mignard, he tomado los siguientes préstamos:

El título *Nadie es visible sobre la tierra* es de un verso de Alejandra Pizarnik, concretamente de su poema *Un abandono* recogido en su poemario *Los trabajos y las noches* (1965). Con la elección de este verso como título, dejo constancia de mi deuda con ella, a quien reconozco como una de mis primeras maestras.

El verso «todas las mañanas del mundo» hace alusión a la novela *Tous les matins du monde* (1991) del escritor francés Pascal Quignard, que cuenta la historia de Marin Marais, músico brillante de la corte de Luis XIV, y de su maestro, Monsieur de Sainte-Colombe. Existe una película dirigida por Alain Corneau el mismo año cuyo título es el mismo tanto en francés como en su traducción al español.

ÍNDICE

1. PRELUDIO

2

3. INTERLUDIO

4

5

Colección

A U R A

Primera edición:
septiembre de 2025

© Nerea Garrán, 2025

© de esta edición: Eolas ediciones

www.eolasediciones.es

Dirección editorial: Héctor Escobar
Diseño y maquetación: Alberto R. Torices
Fotografía de solapa: Macario Rodríguez de Tena
Fotografía de cubierta: Nina Marsovna
(pexels.com)

ISBN: 979-13-87753-39-9
Depósito Legal: LE 371-2025

Impreso en España

AURA